Audrey Kibamba de Bouansa
gare de Lumière

L'ARPENTAGE LYRIQUE

Audrey Kibamba de Bouansa
gare de Lumière

L'ARPENTAGE LYRIQUE

Éditions Muse

Cover image: www.ingimage.com

Publisher:
Éditions Muse
is a trademark of
Dodo Books Indian Ocean Ltd. and OmniScriptum S.R.L Publishing group
Str. Armeneasca 28/1, office 1, Chisinau-2012, Republic of Moldova, Europe
Printed at: see last page
ISBN: 978-620-3-86479-3

L'ARPENTAGE LYRIQUE

AUDREY KIBAMBA DE BOUANSA

gare de lumière

BOUYIIKA

La vie est un combat permanent de l'alcool au soleil et de la saveur à la lune

Dans le tourbillon des nuits
Il y a des ténèbres qui sont carburants de lumière

Du plus haut de cieux des élus
Je vis s'ouvrir les écluses de gloire aux dimensions fractales

L'inflation une stratigraphie du plénum
Nous sommes dans le subquantique de l'éther où l'aube bâtit le temps solaire

Au- delà des espaces topologiques
Les nuits sont en deuil des lunes et les étoiles des totems

Bouyiika !
Que devienne le soleil une fonction rationnelle de n-i dans la mémoire d'univers !

SONY

Du plus profond des discriminants du trinôme du second degré

Je bâtirai le temps

Là où chantonnent les cris de l'éternité

Depuis la haute spiritualité des pyramides

Les œuvres de l'excellence se créent dans la sérénité de l'esprit

Ton chant est un dialogue des arcs-en-ciel

Le sourire une moisson des soleils de grands rêves

Sony !

Je te bâtirai le temps d'intégrales triples

Et m'en irai comme une étoile crépusculaire à pas des variétés différentielles

L'ENNEMI

Quand la société est livrée aux assassins
La vie devient une révolte de ce qu'on désire

Nous étions endormis dans un monde des méchants quantas
Et nous nous sommes réveillés dans un autre livré dans les arcanes de l'eugénisme

La lune descend du magnétisme des supernovæ
Rougit le ciel aux bruits d'un peuple en effervescence

Dans une musique profonde
Stagne en nous, la douleur qui affleure du flanc du transhumanisme

Le confinement est une sélection de violence au bien-être

Sans avenir
Il n'y a pas de liberté

Oh peuple ! Quand l'avenir est sombre
Le difficile devient le chemin et la spiritualité des ancêtres la lumière qui le clarifie

ZONTSO

On ne peut dompter la nature qu'on lui obéissant

Les ancêtres chantaient tes mystères dans l'énigme du destin de l'espace-temps

J'étais assis sur tes vallons morphogénétiques quand l'arpentage des cordes ressuscitait le sommeil des morts

Depuis la physique quantique

Ma poésie est une toile d'algorithmes où fusionne l'esprit et la matière dans une combinaison des lettres, formes et chiffres

Toi Zontso !

Tu es Lumière Initiatique dont l'histoire ne se montre pas toujours tendre avec ses sujets

KIMPOUNGOU

Venu d'une césarienne de caméléon

Ma jeunesse fut un mystère de totems lunaires des divinités Mibaambas-Mikwissis

Mon envol fut une pyramide au-dessus de l'arc-en-ciel

Et mon chant vient de la constellation algébrique et géométrique du Grand Chien

Pour devenir chauve-souris

Le déracinement de couleur a créé un champ magnétique déconnecté du cosmos des ancêtres

Mon cri sonne l'apocalypse des nuits qui ordonne l'exhumation des racines

Kimpoungou !

Que vienne ta parole solaire pour déterrer le sommeil de l'humanité

LEEMBE

Dans une mélodie nocturne larmoyante

L'éclipse de la mort déterre l'avenir au cœur des hadrons

Bouyiika décimait la moisson des grands rêves

Et le ciel baignait les trous de lumière

Depuis le sommeil de l'aurore

La lune officie les funérailles d'étoiles

Leembè !

Une revenante des eaux mystérieuses marchant à pas de variétés différentielles

MOUKISSI

Exister c'est être hors que soi vers un autre que soi-même

Au fond des rivières totémiques
Je cherche une canne de l'arpentage lyrique

L'aube une divinité de sagesse profonde

Depuis l'ancienne alliance
Le phénix des étoiles fleurit sur les crêtes du volcan

Moukissi !

Arpenter c'est cogner les cultures une à une pour faire jaillir des ténèbres la lumière qui illumine l'humanité

KULALEMA

Dans le songe
Je côtoie la lumière des tombes ancestrales
L'ignorance un sillon où fleurit le mal
Et l'arpentage une fortune ajoutée à l'héritage reçu des ainés de l'humanité
Kulalema !
J'assume mon fardeau des méchants quantas
Car l'humilité est une vertu de la sagesse des grands

MBINDA-MBEELEE

Au-delà des lunes qui enfantent des colombes
Au-delà des ténèbres qui clarifient le chemin

Grandie des univers de génies d'eau
Ma grand-mère se nourrissait des cognitrons
Pour sceller l'alliance des espaces différentiels depuis l'envol des pyramides

Femme de la haute prêtrise Mikwissis
Femme jaillit de la tombe des lumières

Son regard désarmait la colère du soleil depuis le flanc de l'éclipse

Ma grand-mère portait les amulettes de tradition Mikwissis

Femme des champs du silence des nuits
Femme de charme totémique

De très loin, son image se transfigurait dans le dialogue des trous de lumière

Femme dotée du pouvoir du tourbillon des nuits qui côtoie les songes des morts

Mbinda Mbeelée !
Femme vibranium de la haute spiritualité africaine
Je suis perché dans tes nuages de la solitude des moines

LUBILA

Dans une fournaise de confinement

L'espoir des paradis fragiles brule sur les cornes de la bête

Ses yeux crépitent sur les crêtes du feu

Son charme une morsure éclair

Dès l'aube crépusculaire

Un bouc célèbre un monde sans émotion ni cœur

Le mal féconde le mal

Nos racines sont des boussoles quand s'égare l'humanité

Lubila Lwa Mbaou !

L'enfer des humains aux grincements de dents

UBUNTU

Sur les versants de la corniche Bouyiika
Les élus cultivent les songes de l'éternité
Les peuples égarés recherchent la spiritualité des tombeaux de lumière
Des chantiers nouveaux
Jaillira l'étincelle
Et l'essor des nations viendra d'une canne des ancêtres africains
Ubuntu ! L'avenir de l'Afrique repose sur les épaules de ses meilleurs fils

MANIANGA

On ne franchit pas l'énigme des totems

Que fleurisse la lumière sur les crêtes du volcan !
Que deviennent les ténèbres carburantes du jour !

Manianga !
Totem géant qui tisse l'horizon
J'appartiens à tout nombre entier positif qui s'additionne autant de fois que lui-même égale sa deuxième puissance
J'appartiens au peuple qui déshabille le silence des morts

Ma poésie est une bâtisse d'armures lyriques
Qui puise des champs subquantiques éthériques

Mon existence une fosse commune des divinités Mibaambas-Mikwissis

Depuis le Hall d'Amenti
Mon séjour convoque le deuil des esprits

J'ordonne l'exhumation des géodésiques du sacré des morts
Pour bâtir Kama dans la haute spiritualité des pyramides

Manianga- Mâ- Nsika !
Divinités solaires de la haute prêtrise
Kikulu Kia Nsi

MUTU

Dans les hauteurs des univers en orbitales atomiques
Je cherche mon envol au-dessus des arcs-en-ciel à douze dimensions
Les tropiques se lassent dans la nuée du temps
Les écluses du bonheur soufflent dans nos songes
L'aube est lumière ténébreuse
Au-delà de l'infini
Mon chant est crépitement de l'humanisme ubuntu
Ma poésie une spiritualité des pyramides
Mutu !
L'Ange Liberté du rêve Lumière d'Afrique
Au temps solaire de l'Arpentage Lyrique

MBEEMBU

Venu du magnétisme du tourbillon des nuits

La parole n'est qu'un ténébreux orage qui perce le silence du cosmos

Son influence une propagation d'ondes radioactives du plus haut du ciel des élus

Mbeembu !
L'onde lumineuse zébrée
Qui clarifie le chemin dans le désordre ténébreux du tourbillon des nuits

KIMAKA

Comme dans un univers des espaces courbes Einsteiniens

Sa gloire descend du magnétisme du ciel des supernovæ

Son regard est une foudre qui respire la révolution depuis la fleur qui chante la République

Ses épaules un scellement des cultes de la transhumance

Les étoiles escortent ses pas dans le silence des moines

Son Merkabah affleure la trompette de guerre

Kimaka !

Déesse des batailles séculaires dans la triangulation des peuples Mibaambas-Mikwissis

L'humanitude

J'appartiens à une humanitude du triangle sacré des discriminants du trinôme du second degré

Où l'homme est une construction parachevée des mathématiques de l'ingénierie médicale dans l'alchimie des atomes et des discriminants

J'appartiens à la constellation algébrique et géométrique du Grand Chien

Où les étoiles sont des trésors dans la matrice de bosons et de quasars

J'appartiens au peuple qui séjourne dans le ressouvenir du deuil du plus profond des entrailles de l'éternité

Où Osiris est l'hôte des tombeaux de lumière

J'appartiens à cette école de l'humanitude qui surgit dans le combat de notre temps pour poser les vrais problèmes de l'existentialisme dans la mémoire des générations

J'appartiens à l'univers de l'interdisciplinarité en la totalité de la connaissance et en la connaissance de la totalité

Où le génie des étoiles est combattu dans la quête de la recherche du triangle sacre de l'intelligence

J'appartiens à une intelligence qui se construit et se reconstruit dans un système dual des cônes lumineux et ténébreux

Où fusionnent l'esprit et la matière en mouvement des discriminants du trinôme de second degré

J'appartiens à l'ombre de génie des étoiles

Où seul compte la vie des autres dans la recherche de l'excellence, comme la recherche de la vérité dans le mariage de l'innovation et de la création

Je suis l'Humanitude qui se révèle au grand jour dans le combat de son temps pour marquer l'histoire dans la mémoire des générations

Je suis là, mémoire de l'humanité solaire

Où la connaissance et le savoir sont des clés qui élèvent la poussière au rang des hommes

Les vrais hommes sont ceux qui ont un idéal, un combat, un nouveau référentiel qui tranche avec les évidences établies pour redéfinir les choses au grand jour

L'humanitude !

On ne combat pas celui qui est descendu des cieux de la métaphysique pour instaurer l'ordre cosmique mathématique

MBOKO

On ne danse pas dans un trou des ténèbres qui bercent la lumière

Que s'élève le soleil au milieu des hommes !
Que devienne la parole un cri de l'éternité !

Je ne suis pas à vendre ni à développer dans la richesse dans l'esclavage
Je suis à prendre ou à laisser
Là où la spiritualité est Lumière de l'Esprit
Pour guider nos pas

Mboko Massala !
Sanctifie mes larmes lunaires
Au-dessus des arcs-en-ciel Mibaambas à douze dimensions !

MBONGUI

Dans la Civilisation Solaire
Nous sommes les racines de la Nouvelle Humanité

Nos ancêtres sont des saints qui communiquent dans le tourbillon des nuits
Même-si nos yeux sont des mers entassées d'ignorance

Toi Mbongui ! Tu es une école initiatique des ainés de l'Humanité

Nous sommes devenus troupeau de faim dans une vallée dépeuplée de morale

Soyons nous-mêmes depuis le socle de la tradition qui est gardien de la culture

Car un peuple sans culture est un monde sans avenir
Au carrefour du donner et du recevoir

NGAMBOULOU

Comme une étoile polaire perchée sur les hautes pesanteurs

Les ténèbres sont une nuée dans l'espace Kibambiste
Où fusionnent l'esprit et la matière

Dans les entrailles des lunes
Les morts enfantent l'humanité solaire

Dès l'aube, je prendrai la parole pour célébrer une messe où dansent les ténèbres

Du plus haut des cieux de la haute prêtrise
Bouyiika sanctifie les cultes des ténèbres qui sont carburants de lumière

Ngamboulou !
Le sacré est boussole des nations quand le difficile devient le chemin des peuples égarés

KIBILA

Dès minuit, au crépuscule d'une messe noire
Le ciel gémissait aux cris des tonnerres
Les nuits endeuillées s'éveillaient au chevet du silence de l'aurore
L'arc-en-ciel descend du flanc de la lune
Les esprits impurs jaillissaient dans la tombe des morts
Les hiboux chantaient une mélodie nocturne larmoyante
Le deuil une ristourne des générations
Pour câliner l'avenir au-delà de l'éclipse de la mort
Kibila !
Culte des tombeaux de lumière pour côtoyer le songe et l'indicible

SIKOU

Au son de la trompette de guerre

Foi et Esprit d'ancêtres s'élèvent aux cris du destin

Dans la sérénité de l'aube

Les Ngounzas déterrent le Merkabah depuis les géodésiques des pyramides de la haute prêtrise

La spiritualité s'exprime dans la culture des Kamites

Et fusionne l'esprit et le corps dans un système dual des cônes d'univers

Sikou !

Culte de l'humanisme Koongo

Pour lier la science à la haute spiritualité et l'art

NZO-MIO

Je m'étais endormi au fond d'une toile d'araignée

Là où se construit depuis la forêt d'Ipo

Une fonction rationnelle des sommes en paliers des déterminants puissants de n-i

Au-delà de l'imagerie

Ma poésie est l'arpentage des lettres, formes et chiffres combinés des univers intelligibles

Nzo-Mio !

Chapitre de l'Analyse Matricielle

Pour construire un cerveau solaire au rayonnement heuristique des nations

MPANDI-BISSA

Au-delà des univers
Où les nuits sont en deuil des lunes et les étoiles des totems
J'irai par le pouvoir de volonté chercher une canne aux ancêtres
Je franchirai l'énigme du destin de l'espace-temps
J'irai par la montagne à pas du Merkabah dans les géodésiques des sirènes
Dans le Royaume de Lumière
Les divinités de la haute prêtrise sont amoureuses de moi
Ma Poésie vient de l'Arpentage Lyrique
Où je suis la mémoire de l'humanité solaire
Mpandi-Bissa !
Ecluses sacrées des Divinités Mikwissis au chevet du silence de l'histoire

KINTORI

On ne côtoie pas les songes de morts avec des yeux entassés d'ignorance

Nous sommes devenus troupeau du Transhumanisme dans la morale de l'eugénisme

Nos cœurs sont des sillons où fleurit le mal

Et la corruption la lèpre des nations

Kintori !

La force de la passion ne trie pas la force de la raison

Car déterrer le passé de l'autre, c'est admirer le drame de sa vie

MARIAM TRAORE

Au fond du désert du Mali
Je cherche le pouvoir de divinités des aigles qui guérit tes sentiments blessés
L'aube est une bâtisse d'amours
Tes souffrances juvéniles se rebellent dans une mélopée sentimentale
Ton cœur s'éloigne des arcs-en-ciel
La beauté au chevet des astres
Toi Magloire !
Le temps laboure la vie
Là où le mémoriel est trésor de l'homme et son temps
Cueille les roses de vie quand chante le soleil des tropiques
Malgré l'équidistance de la lune du soleil
L'éclipse rassemble nos amours éparses
Mariam Traoré !
Lionne des tropiques qui étincelle les soupirs du soleil
Je suis inhumé dans tes yeux de Kamite

GRAND MAITRE

Ouvre-toi en légende des âmes solaires qui habitent l'éternité des élus

La phratrie a créé un nouveau ciel

Au-delà de l'imagerie

Arpenter c'est cogner les cultures une à une dans la cadence quantique et numérique des mots

Mes œuvres scandent les mystères des racines

Et affleurent le Merkabah des divinités de la haute prêtrise

Grand maitre !

Dans le berceau de l'âme de l'éternité

Nos cris sont des trésors enterrés dans la mémoire des générations

ANDRE

Ecrire c'est jeter un cri de l'éternité sur une page pour se reconstruire dans le socle de l'Humanitude

Un homme qui perce sa culture devient infirme

André ! La sagesse de l'amour c'est l'essence de l'existence

J'ai vu le mal dans sa pureté et le bien dans sa noblesse

Là où les sentiments sont à la fois précieux et dérisoires

La voix des femmes est une école de la sagesse

Depuis l'énigme du destin de l'espace-temps

Tes yeux sont des graals tournés vers le féminin sacré

Qui féconde la lumière du millénaire dans l'innovation et la création

Ya Ndéré !

Le temps consomme ta mémoire

Descends des lunes qui officient les funérailles d'étoiles !

MA DERNIERE DEMEURE

Au-delà de l'éclipse de la mort
Je suis convoqué comme une étoile polaire dans le berceau de l'âme de l'éternité

Perché comme un insulaire dans le berceau de la nuit de la différencialité des totems
L'ombre aspire le photon du génie des étoiles

Et la vie n'est qu'un ténébreux orage
Là où le rôle de chacun n'est que vanité

Oh Bouansa !
Souhait de ma dernière demeure
Sanctifie mes cris des larmes dans le berceau de l'âme de l'éternité !

LES ANCETRES

Dans le berceau des immortels
Exister c'est être hors que soi vers un autre que soi-même
Le phénix des étoiles renait des songes que soufflent les cris de l'éternité
Au-delà de la métaphysique
Les ancêtres sont nos boussoles des racines
Ma poésie est la mémoire du patrimoine culturel Africain
Une dimension de l'altérité féminine dans l'énigme du destin de l'espace-temps

SOUS LE SOLEIL

Dans l'humanisme des âmes solaires

Aucune religion n'est Lumière de vérité sous le soleil

Depuis Ota Benga

Nous sommes devenus esclaves sans boussole à la croisée des chemins

Le mercantilisme c'est les nerfs de la guerre des religions

Et la spiritualité s'éloigne de la doctrine qui circonscrit l'intelligence de l'homme dans les dogmes

Sous le soleil !

Quand la religion est au-dessus des lois de la République

La liberté devient un profond sommeil sans éveil

RAHANNH ET RACHINY

Descendants de l'alchimie des atomes et des discriminants

Les ancêtres Mibaambas-Mikwissis sont amoureux de vous depuis les racines de l'humanité

Caressés par la brise des anges

Foi et Esprit d'ancêtres s'élèvent pour guider vos pas sur le chemin le plus long

Fleurs jardins Kibambistes

Armez-vous de l'alchimie des ancêtres

Pour sonner la nouvelle genèse des Sciences liées à la Haute Spiritualité et l'Art dans un espace-temps à douze dimensions

TOMBEAUX DE LUMIERE

Au-delà du berceau de l'âme de l'éternité

Au-delà du séjour des morts

Les tombeaux de lumière sont des trous pour côtoyer le songe et l'indicible depuis l'antre de l'éternité

Dans le désordre du tourbillon des nuits

L'esprit se transmute en faisceau lumineux, féconde le Graal tourné vers le féminin sacré

Du très haut des cieux

Gémit la lune sur un talus de transphynésie

Et s'ouvrit le ciel dans un trou noir où s'élève l'arc-en-ciel totémique au milieu des hommes

Nos morts sont des saints qui côtoient nos cris

Dans une infinitésimale

L'esprit voyage dans les géodésiques de la haute pyramide

Transplante nos rêves des fils de l'éther dans la mémoire d'univers

Le Merkabah se déchaine depuis le Royaume de Lumière

Et percute l'ombre sur l'écran de l'espace-temps pour féconder la lumière du millénaire

LOLANGO

Au-delà des expériences
Nos rêves sont des fruits de la passion partagée
Les colombes rassemblent nos amours éparses
Et la vie n'est qu'une rose
Insatiable aux devoirs de l'époux
Lolango !
Quand fleurit l'amour
Les sentiments deviennent un exutoire émotionnel

LE SOURIRE

Regarde, vois et comprends !

Mon sourire est un dialogue universel de l'intuition et de l'astuce mathématique pour dompter la nature en lui obéissant

Demain, dès l'aube

J'irai contempler la tombe de lumière pour m'investir du pouvoir ancestral

Aux bruits du lendemain

Les charognards picorent les épaules où repose l'avenir des Kamites

Nous sommes les hommes de cœur sans retraite au bien-être

Les assoiffés de justice sans repos

Demain, mon sourire deviendra sans doute

L'époque des jokers au pouvoir dont la popularité fera la notoriété des clowns

MASSELE

Venue de la triangulation du triangle sacré des peuples en pleuriscime
Masselé est une vallée d'initiés sur un plateau disséqué
Les rochers aiguisent l'esprit chevaleresque depuis la mémoire des générations
Au cœur de la rivière
Les clowns implantent le populisme pour changer de politique
Du flanc de la pyramide
Mûrit le génie des étoiles sur une base triangulaire
Le destin est un univers imprévisible
Rivière Masselé !
Lumière scellée à la clameur du temps
Celui qui a la jeunesse, a l'avenir dans la tête

NKENGUE

Nul ne verra rien s'il ne regarde rien d'éclairer

Venue des champs subquantiques éthériques

Ma poésie est une spiritualité des âmes solaires qui habitent l'éternité des élus

Au-delà des univers à douze dimensions

Les Mibaambas sont des graals qui fécondent les étoiles dans sa dimension de l'altérité féminine

Nkengué !

Berceau de l'enfance

Là où mes souvenirs sont scellés dans un système dual des cônes d'univers dans l'Ailleurs du temps

LE RETABLISSEMENT

Dans une mélodie chevaleresque
Chante la fleur qui berce la République
Souffle l'orage qui respire la révolution
Et retentit le son de la trompette de gloire pour hisser les étoiles du Berger
Depuis les cultes ancestraux
La spiritualité s'exprime des hautes pesanteurs
Pour le rétablissement de l'évangile des algorithmes lyriques de l'arpentage

LES BRACONNIERS

Sous une canopée criblée des filaments lasers
J'étais assis sur les versants
Pendant que baignait le ciel en sueur
Les Braconniers décimaient le triangle de Goualogo
Là où nous étions perchés dans les nuages de la solitude
Le destin vomissait des carnages aux cris du feu
Et les pachydermes barrissaient dans une musique profonde
Braconniers !
La forêt c'est notre armoire des générations
Dont il faut préserver comme un carburant de l'humanité

ELUS DE LUMIERE

Comme dans un culte des circassiens

Les grandes victoires se construisent dans la prudence du temps

Les élus sont des miradors qui affleurent dans le reflet de nos observations et sentiments

Depuis la genèse des étoiles

La persévérance est un chantier sculpté sur un talus de sueur

L'intellect se nourrit de l'incrément des vecteurs orthogonaux

Elus de lumière !

Que devienne ma poésie l'élément précieux de la culture qui prône la tradition comme valeur

CULUMBIMBI

Au fond d'une silhouette criblée des trous de lumière
J'ai vu Kimpavita caresser l'ombre de la transfiguration
Le ciel sanctifié la lumière qui rassemblait les peuples du déracinement
Du flanc de Culumbimbi
Une colonne des feux annonce le rétablissement de la haute spiritualité des Kamites
L'aube bâtit le temps Kimbangou
Et souffle l'ère où l'Afrique devient locomotive et l'avenir du monde en ascension

SOUVIENS-TOI

Sous le soleil les destins sont des cartes
Des étoiles les totems de nuits dans l'abnégation des lunes
Regarde l'horizon poindre en nous
Comme un fleuve d'orages, le destin est imprévisible
Demain, nous ne serons plus les mêmes
Et la canne de la révolution solaire
C'est l'avenir de la Nouvelle Humanité qui est en nous

LE TRONE

Tant que le faucon volera

Notre courage et force ne se puiseront jamais

Avec la persévérance

Une barre de fer devient l'aiguille

Je vis descendre sur les épaules du très haut

Un trône du Royaume de Lumière

Pour célébrer l'avènement de la Nouvelle Humanité

Et le destin des peuples rayonnait dans le mariage de l'innovation et la création sur l'écran de l'espace-temps

L'OURAGAN

Le règne est une ristourne des étoiles qui percutent l'ombre des élus

Il souffle depuis l'antre de l'éternité
Un ouragan qui nettoie la moisson des soleils de grands rêves
Une fumée blanche apparait au cœur des tropiques
Et s'ouvrit l'ère nouvelle
Pour redéfinir les Belles Lettres dans une réalité de vérité tirée du sol expérimental

L'HOMME

Venu des espaces topologiques en orbitales atomiques

Mon chant est un chantier construit à l'ombre des élus

Depuis le berceau de la Nouvelle Humanité

La tradition c'est le gardien de la culture

Et le destin un écran de l'espace-temps

Vois et comprends !

L'homme est un dieu paradisiaque dont l'arpentage est sa toile de l'imagerie scientifique

DZIA

La fraternité l'emporte sur tout bien matériel

Au chant lucinant des cigales

La paix intérieure est l'art du juste

Dont la passion et la persévérance nous font payer le prix de la douleur et de la sueur

Laudes des élus chantera Dzia

Pendant que je contemplerai un trou des ténèbres qui berce la lumière

Au crépuscule de l'apostasie des amours

Le respect mutuel c'est le secret d'un mariage réussit

Mon chant est une fortune ajoutée à l'héritage reçu des ainés de l'humanité

Là où la science devient liée à la haute spiritualité et l'art

Dzia !

Persévérer c'est vaincre

Les obstacles dans la vie ne sont pas internes à la douleur

LES MOTS

Au-delà des univers à douze dimensions
Les mots contiennent de l'énergie qui crée la matière du vide
Sa musique est la mémoire de l'arpentage
Depuis la combinaison des lettres, formes et chiffres
Les mots sont des algorithmes quantiques et numériques
Qui nous serve à décrire et à construire le monde
Sans les mots
Il n'y a pas l'expression de la pensée ni de l'existence
Dont nous sommes les architectes de la saveur de l'Arpentage

PAROLE LUNAIRE

Dans les divers sensibles du tourbillon de nuits

Il y a des ténèbres qui fécondent la lumière dans le mariage de l'innovation et la création

Depuis les racines de la Nouvelle Humanité

Ma poésie est une relation de destin commun et partagé

J'appartiens à une galaxie d'étoiles qui murissent des vibrations éthériques Markoviennes

J'appartiens à une spiritualité des pyramides vivantes

Où est liés l'esprit et le corps dans une interaction gravitationnelle de l'espace-temps

Parole lunaire !

L'inertie opportuniste des pays arabes sur la Palestine

LETTRE OUVERTE

Depuis le mobilisme du temps

Les étoiles fleurissent une à une dans les arcanes matriciels subquantiques

Ma poésie est totem géant d'arcs-en-ciel à douze dimensions

J'appartiens à une phratrie des lunes de l'au-delà

Là où tout nombre entier positif qui s'additionne autant de fois que lui-même égale sa deuxième puissance

Dans la sérénité d'aubes qui sont bâtissent du temps

Nous sommes les phares de l'humanité où le parler vrai est Lumière de vérité

Lettre ouverte !

Une insurrection de société sur une feuille blanche révoltée dans la cadence des mots

REVE INSOLENT

Nous sommes dans un monde où l'engagement dépasse l'universalité de la lumière de la raison

Au cœur des tropiques

Le soleil s'élève du flanc des pyramides

Et prend son envol au-dessus de l'espace-temps à douze dimensions

Le courroux du ciel désarme le silence au chevet de l'histoire

L'éclipse de la mort célèbre une fusion de l'esprit et du corps

Dans le Grand Amour des ainés de l'humanité

Négocier c'est aussi l'échange d'intérêts

Et pardonner aux autres amène la paix en soi

Au fond du rêve

L'insolence des étoiles percute l'ombre des élus

Pour redéfinir un nouvel ordre cosmique et mathématique

Printed by Books on Demand GmbH, Norderstedt / Germany